Criptomoneda

La Guía Definitiva Para Cadena De Bloque (Blockchain),
Minería Y Más

(Una Guía Completa Para Invertir E Intercambiar En
Blockchains)

Mixel Otero

Publicado Por Daniel Heath

© **Mixel Otero**

Todos los derechos reservados

ISBN 978-1-7770207-7-4

TABLA DE CONTENIDO

Parte 1

Introducción

El éxito masivo de Bitcoin a la hora de enriquecer a mucha gente gracias a la fulminante subida de su precio de mercado en los últimos años, sobre todo en diciembre de 2017, ha hecho que todo el mundo sea consciente de la existencia de una nueva clase de inversión llamada cripto-moneda. Y lo que es más importante, ese éxito masivo de Bitcoin ha allanado el camino para la aceptación masiva por parte del público de esta nueva inversión, haciendo que las monedas criptográficas sean generalmente más atractivas como inversión. Por lo tanto, Bitcoin puede haber creado una nueva y moderna fiebre del oro, aunque sea digital.

En este libro, usted aprenderá cómo aprovechar con éxito esta fiebre del oro digital y posiblemente ganar mucho dinero con ella. Aquí, no sólo le mostraré cómo invertir sabiamente. También le mostraré cómo no dejarse engañar por estafadores. Al final del libro, estarás en una muy buena posición para empezar a montar la ola de criptografía monetaria y ganar dinero con ella.

Si estás listo, pasa la página y comencemos!

Capítulo 1 - Conceptos básicos de Cripto-monedas

Con el éxito masivo de Bitcoin en términos de precio de mercado, parece que lacripto-monedas se han convertido en la versión moderna de la famosa manía de Holland Tulip. Si no está familiarizado con la moda de los tulipanes holandeses, sucedió durante la década de 1630, cuando la gente de todo el mundo se volvió loca por la flor, lo que rápidamente hizo que su precio de mercado se disparara por encima de los niveles atmosféricos. Y eso es lo que le pasó a Bitcoin en diciembre de 2017, donde su precio de mercado subió un 400% en sólo un par de semanas. Y gracias a Bitcoin, prácticamente todos los inversores -e incluso los no inversores- se han familiarizado bastante con las cripto-monedas, lo que ha hecho que la manía por este activo financiero sea aún mayor.

Probablemente la única diferencia entre la manía de la cripto-monedas y la de tulipanes holandeses es que la primera es un activo digital mientras que la segunda es un activo físico. Oh, y me corrijo - hay otra diferencia entre los dos, que son cambios salvajes en los precios. El precio de mercado de tulipanes holandeses no fue tan volátil como el precio de Bitcoin, es decir, su meteórica subida de precios fue rápida, pero con pequeñas caídas en el camino. Con Bitcoin, verá - si mira su gráfico de precios - que ha habido caídas de precios muy pronunciadas a lo largo del camino. Y por agudo, me refiero a las caídas en el valor de alrededor del 30% en unos pocos días! Y al momento de escribir este artículo, su precio de mercado ha bajado más de un 30% desde su máximo en diciembre de 2017. Dicho esto, invertir en cripto-monedas requiere un poco más de conocimiento y, si se me permite añadir, de agallas.

Cripto 101

Usted puede estar pensando, ¿son las monedas criptográficas el dinero oficial de los muertos a causa de la palabra "cripto"? ¡Ja, ja, ja, ja, ja, ja! Pero no, no lo son. Algunas personas que compran y venden cripto-monedas pueden parecer personas muertas, pero no - eso no es lo que la palabra criptográfica significa. La palabra "crypto" en el término se refiere a una ciencia o práctica específica de codificación y decodificación de mensajes en códigos secretos o cifrados: la criptografía. Así que una muy buena definición de una criptomoneda es una moneda de naturaleza digital, que utiliza la criptografía en sus transacciones, es decir, la validación, la seguridad y el registro.

Y hablando de registro de transacciones, todos los negocios mantienen lo que en la jerga contable se llama "libros de cuentas" o "libros de contabilidad". Cuando realiza una transacción en línea utilizando su tarjeta de crédito o cuenta bancaria para comprar algo, el precio al que compró sus artículos es el monto que se registra como una deducción de su cuenta bancaria o libro mayor, o que se agrega como dinero adicional adeudado en su cuenta si utilizó su tarjeta de crédito. De la misma manera, todas sus transacciones que utilizan una criptomoneda específica - en caso de que decida invertir en una - se registran en un libro maestro digital o archivo maestro para esa cripto-moneda específica. Y en ese archivo maestro están todas las transacciones que alguna vez tuvieron lugar para esa criptomoneda específica. Este libro o archivo maestro digital se conoce como el blockchain.

La cadena de bloques recibe su nombre de dos palabras: bloque y cadena. El bloque se refiere a transacciones validadas de una determinada cripto-moneda, donde una transacción validada se denomina "bloque". Todas las transacciones validadas están "vinculadas" entre sí como una cadena que comprende el libro o archivo maestro de una determinada criptomoneda. Debido a que el archivo maestro o libro mayor está compuesto por todas las transacciones validadas para esa criptomoneda, se llama el "blockchain".

Características criptográficas

Una característica interesante de la tecnología blockchain, en la que cada vez más empresas tradicionales se están interesando, es su descentralización. Ok, para ser descentralizado significa que no hay una sola entidad que mantenga los registros de las transacciones de una criptomoneda en particular. En particular, todos los usuarios de una criptomoneda particular, independientemente de si están inactivos o activos, obtienen sus propias copias de la cadena de bloques que se actualiza continuamente para incluir transacciones validadas recientemente. Es un sistema de contabilidad que puede ser monitoreado por todas las partes interesadas.

Otra característica interesante de las criptomonedas es la autonomía. ¿Qué quiero decir con esto? Piense en las monedas utilizadas como moneda de curso legal en todos los países del mundo. Usted sabe que todos ellos están controlados y regulados por sus respectivos gobiernos nacionales, particularmente cuando se trata de suministro o número de unidades que circulan en el mercado abierto.

No es así con las criptomonedas. No tienen gobierno ni autoridad monetaria para responder. En otras palabras, son rudos! Pero en serio, es verdad. Las criptomonedas están más allá del alcance y la regulación de los gobiernos, que es una de las razones más importantes por las que aún no es tan aceptada por tantos gobiernos como la mayoría de la gente quisiera que fueran. ¿Sabes cómo son los gobiernos correctos? Lo que no pueden controlar o regular, no les gusta.

Usted puede estar pensando que si ninguna autoridad monetaria controla su suministro, ¿quién demonios puede acuñar más unidades de una criptomoneda específica? Esa es una muy buena pregunta! Técnicamente, el suministro de una criptomoneda particular ya está determinado y convertido en piedra antes de su lanzamiento o lanzamiento público. Y dicho límite está incorporado en el código o protocolos de esa moneda en particular. Eso significa que ninguna intervención humana cambiará ese límite.

En cuanto a crear de las nuevas unidades de una criptomoneda particular, las personas indirectamente responsables de crearlas se llaman "mineros". ¿Por qué los mineros? Es porque "extraen" nuevas unidades al ayudar a validar cada transacción para una criptomoneda específica. ¿Qué significa esto?

Si compró 1 unidad de Bitcoin, la criptomoneda más popular en estos días, esa transacción debe validarse antes de que se incluya en la cadena de bloques y transfiera oficialmente el Bitcoin que compró a su cuenta. ¿Y cómo se validará esa transacción? El sistema generará un algoritmo o ecuación matemática que es único para su transacción y alguien necesita descifrar el código de ese algoritmo para resolver esa ecuación para que su transacción sea validada. Si no se resuelve, su transacción no se realizará.

Los mineros dedican sus propias computadoras con el único propósito de resolver tales ecuaciones para validar las transacciones relacionadas con una criptomoneda en particular. ¿Y qué obtienen a cambio? Lo has adivinado: ¡nuevas unidades de esa criptomoneda particular! Y porque se les paga específicamente con "nuevas" unidades de esa criptomoneda en particular, son técnicamente "minería" para ellos.

¿Para que son?

Al principio, las criptomonedas como Bitcoin y Ethereum se crearon para dar a las personas un medio alternativo para pagar las cosas. Debido a que es un concepto nuevo y que no está regulado por ninguna institución, no fue ampliamente aceptado. De hecho, todavía no es tan aceptado como una forma alternativa de pago hoy en día, a diferencia de las tarjetas de débito y crédito. Sin embargo, su aceptación general ya ha crecido mucho y aún continúa haciéndolo. Cada vez más establecimientos comerciales, tanto grandes como pequeños, están aceptando criptomonedas, en particular Bitcoin, como una forma alternativa de pagar por las cosas. Y más que los comerciantes, los bancos también han comenzado a reconocer la criptomoneda y permiten retiros de ese tipo en su moneda fiat equivalente en sus cajeros automáticos o cajeros automáticos.

Y debido al éxito de Bitcoin, las criptomonedas ahora tienen otro propósito, uno que incluso ha hecho que su propósito original sea algo irrelevante. ¡Ahora es uno de los mejores lugares para invertir en el mundo, si no el más caliente! ¡Muchas personas han convertido sus inversiones iniciales de solo unos pocos miles de dólares hace muchos años en inversiones que ahora superan el millón de dólares! Y con los contratos de futuros sobre Bitcoins que figuran en la Bolsa Mercantil de Chicago, ¡ha hecho que las criptomonedas en general sean aún más atractivas!

Capítulo 2 - Criptomoneda Ventajas de inversión

Invertir en algo tan lucrativo, y muy arriesgado, ya que las criptomonedas requieren que usted sepa mucho sobre lo que va a hacer. Esto significa que debe estar consciente de sus compensaciones de riesgo de retorno. En este capítulo, primero trataremos el lado de retorno de la inversión en criptomoneda, ¡o sus ventajas!

Volatilidad

Si desea obtener grandes rendimientos, y rápidamente, hay un rasgo de inversión muy importante que debe saber que puede hacer que suceda. Y ese rasgo se llama volatilidad.

La volatilidad se refiere al tamaño de los movimientos de precios de un activo financiero en particular. Cuanto más grandes sean los movimientos, también llamados oscilaciones, más volátil será el precio de un activo financiero. Cuanto más pequeños son los columpios, menos volátil es. Y cuanto menos volátil sea el precio, menos podrán ser sus beneficios potenciales. Es por eso que una regla fundamental en la inversión es la siguiente: cuanto mayor sea el rendimiento esperado, mayor será el riesgo que debería estar dispuesto a asumir.

Y cuando se trata de la volatilidad de los precios, las criptomonedas son justo lo que está buscando, suponiendo que su tolerancia al riesgo sea alta. ¿Qué tan volátil? Considere el precio de Bitcoin, que se disparó en más de un 400% en tan solo unas pocas semanas en diciembre de 2017. ¿Dónde más puede encontrar una inversión que le brinde beneficios potenciales?

Juventud

Una gran parte de la volatilidad de los precios de la mayoría de las criptomonedas se debe al hecho de que no han existido el tiempo suficiente para que se establezcan, como las acciones de primera clase de compañías realmente antiguas. Debido a su relativa juventud en comparación con la mayoría de las otras inversiones impulsadas por el mercado, se considera que las criptomonedas son inversiones potencialmente de alto crecimiento que tienen mucho margen de maniobra. Pero, por supuesto, sus riesgos también son más altos en comparación con la mayoría de las otras inversiones financieras.

¡La ventaja de ser un medio de inversión o un activo financiero relativamente joven es que la perspectiva general que disfruta del mercado es, en general, increíblemente positiva! Y nuevamente, muchas gracias a Bitcoin que ha ganado una apreciación mucho mayor por parte del público inversor. Y esta apreciación se ha filtrado a otras criptomonedas, también llamadas altcoins, como Litecoin, Ripple y Ether (Ethereum).

Privacidad

Ahora está "ventaja" en particular puede ser más relevante para usted si es un lavado de dinero o un señor del crimen organizado. Pero aparte de eso, la privacidad es una característica muy atractiva de las criptomonedas que la hacen muy popular, especialmente entre aquellos que no pueden permitirse dejar rastros de papel en cuanto a sus transacciones financieras personales. ¿Qué quiero decir cuando digo que las criptomonedas son muy privadas cuando se trata de sus datos personales?

Si bien todas las transacciones validadas se registran en la cadena de bloques, tales detalles no incluyen su identidad privada, es decir, su nombre no se incluiría, solo sus claves privadas, de las que hablaremos con más detalle más adelante. Es por eso que incluso si tiene registros de todos los demás usuarios de una criptomoneda en particular a través de su copia de la cadena de bloques, no puede rastrear esas transacciones a ninguna persona en particular. Y tal privacidad incluye tu nombre también!

Ahora que hemos analizado las ventajas de invertir en criptomonedas, veamos algunas de sus desventajas.

Capítulo 3 - Desventaja de criptomoneda

Después de leer el capítulo anterior sobre las ventajas de invertir en criptomoneda, puede pensar que es un vehículo de inversión que es demasiado bueno para ser verdad. La verdad es que no lo es. Como todas las inversiones legítimas, tiene su propio conjunto de contras en las que tendrá que pensar para determinar si debe o no invertir en ellas o no. Después de todo, las inversiones en criptomonedas no son para todos de la misma manera que correr una maratón no es para todos los corredores.

Volatilidad

La misma mayor ventaja de invertir en criptomonedas también puede ser su mayor estafa. ¿Por qué? Los grandes cambios de precios, especialmente los a la baja, también pueden llevar a pérdidas potencialmente enormes. Imagínese, si invirtiera $ 10,000 cuando Bitcoin alcanzó su punto máximo, valdría un 35% menos o solo $ 7,500 después de solo un mes. Muchas personas consideran que esta posibilidad es inaceptable, por lo que se apegan a inversiones más conservadoras, como bonos y títulos públicos.

La buena noticia es que hay maneras de hacer frente a esa volatilidad. Una es invertir solo una cantidad que estés cómodo perdiendo. Lo sé, nadie invierte en una inversión para perder dinero, pero no estoy diciendo que estés seguro de perder ese dinero. Solo digo que si no se siente cómodo perdiendo mucho dinero en el caso de que los precios de sus inversiones en criptomonedas varíen violentamente hacia el sur, pero aún así quisiera darle una oportunidad, lo mejor que puede hacer es poner una Cantidad de dinero que no te sentirás mal por perder. De esa manera, no se sentirá mal y sus finanzas personales no se verán afectadas.

Y hablando de eso, también debe invertir una cantidad de dinero que sabe que no necesitará en el corto plazo. ¿Por qué? Si bien los precios de las criptomonedas pueden descender en gran medida, aún no se dará cuenta de la pérdida si solo mantiene sus criptomonedas y espera que sus precios se recuperen. Las pérdidas basadas en el precio de mercado actual se denominan pérdidas "en papel" solo porque son solo en papel y aún no son pérdidas reales. Solo se convertirán en pérdidas reales si decide venderlos a un precio menor. Por lo tanto, al invertir solo una cantidad de dinero que sabe que no necesitará en el corto plazo, puede esperar a que los precios se recuperen y evitar que se produzcan pérdidas en el mercado debido a los cambios bruscos de los precios.

Longevidad

Otra posible desventaja a la hora de invertir en criptomonedas es otra de sus ventajas: su juventud. Como la mayoría de las criptomonedas aún son jóvenes en comparación con los vehículos de inversión más tradicionales, como acciones, bonos, divisas y futuros, todavía no cuentan con un historial de longevidad.

Y dado que las criptomonedas en general aún no son ampliamente aceptadas como una forma alternativa de pago, su posible longevidad sigue siendo una preocupación. Y tal preocupación es un factor de riesgo importante que preocupa a muchos inversores.

Ahora no estoy diciendo que las criptomonedas en general no existan en el largo plazo. Solo digo que con la excepción de la crema de la cosecha, la mayoría de las otras criptomonedas tienen mayores riesgos en virtud de ponerse al día con los pioneros y la falta general de aceptación de las criptomonedas como una forma alternativa de pago.

Pero esta posibilidad o riesgo potencial también puede ser mitigado por quedarse con los grandes, los pioneros, por así decirlo. Estos incluyen, además de Bitcoin - Litecoin, Ripple y Ethereum. Si bien ser pioneros de la industria de la criptomoneda no garantiza la longevidad, tienen una posibilidad mucho mayor de ser aceptados con éxito como una forma de pago alternativa legítima en los principales sectores financieros de todo el mundo y, como tal, tienen una oportunidad mucho mayor para la longevidad.

Tomemos, por ejemplo, otra vez, Bitcoin. Una señal de que está empezando a ganar fuerza en términos de aceptación en los principales mercados financieros es la lista de contratos de futuros con Bitcoins como los activos subyacentes en la Bolsa Mercantil de Chicago (CME) en diciembre de 2017, que es uno de los más grandes, si no es así. Los mayores intercambios de contratos de futuros del mundo. Si bien no es Bitcoin per se el que figura en la CME, el activo subyacente de los contratos de futuros es Bitcoins. Si Bitcoin como una criptomoneda es incompleta, CME no estaría fuera de su mente para permitir que los contratos de futuros sobre Bitcoins se negocien en su intercambio. Por lo tanto, hasta cierto punto, el listado de CME es un indicador importante de la creciente aceptación pública de Bitcoin en particular y, con suerte, de las criptomonedas en general.

Preocupaciones regulatorias

Esto no es una preocupación tan grande, pero, sin embargo, es algo que debe tener en cuenta antes de decidir si desea o no comenzar a invertir en criptomonedas. Al ser una moneda autónoma, los reguladores financieros de todo el mundo todavía no están muy interesados en las criptomonedas. Y por una buena razón: es difícil que las instituciones obligadas a proteger al público contra las estafas financieras sean alegres y acepten algo que no pueden regular, controlar o administrar. Debido a que los suministros de criptomoneda no están determinados por ningún organismo regulatorio financiero del gobierno como la Reserva Federal en los Estados Unidos, son tan autónomos como cualquier cosa puede obtener.

El mismo sentido de autonomía y privacidad que es una ventaja también puede ser una estafa muy seria. Si su cuenta es hackeada, lo que también es posible con las inversiones tradicionales como depósitos bancarios, acciones, fondos mutuos y divisas, ¡no tiene a nadie a quien acudir en busca de ayuda! Si le piratea la cuenta bancaria, puede ingresar al banco mismo o si se niega a atender su inquietud, puede acudir a la Reserva Federal, quien le dará una patada en el culo hasta que le devuelva su dinero. Pero con las criptomonedas, no puede ejecutar a nadie para revertir una transacción pirateada o errónea.

La mejor manera de abordar esto es la misma que para abordar el problema de la volatilidad: invierta solo una cantidad que se sienta cómodo perdiendo o que no necesitará en un futuro cercano. De esa manera, puede ponerse en la posición de maximizar sus posibilidades de invertir con éxito en la criptomoneda mientras se enfrenta el riesgo regulatorio.

Otro problema regulatorio potencial tiene que ver con la volatilidad de los precios. En particular, los cambios en la posición de las autoridades monetarias o reguladores pueden afectar los precios de mercado de las criptomonedas. Por ejemplo, las autoridades monetarias en China. Después de solo sugerir la posibilidad de prohibir el financiamiento colectivo para recaudar capital para nuevas criptomonedas, que ya no afectará a Bitcoin, ¡los precios promedio del mercado de Bitcoin se desplomaron cerca de un 20% en solo unas pocas horas de negociación!

Nuevamente, invertir solo una cantidad que se sienta cómodo perdiendo o que no necesitará en el corto plazo es la mejor manera de aprovechar el potencial de ganancias de las criptomonedas al tratar con estas posibles desventajas.

Si después de apreciar los pros y los contras de invertir en criptomoneda, se dio cuenta de que desea seguir adelante e invertir en este tipo de activos financieros relativamente jóvenes, continúe leyendo el libro. Si no, solo encuentra otro libro para leer,			él,			él,			él

Capítulo 4 - Seguridad de la inversión: Su monedero de criptomoneda

Bien, el hecho de que esté leyendo este capítulo significa que después de apreciar los pros y los contras de la inversión en criptomonedas, ha decidido seguir adelante y darle una oportunidad. Te encomiendo, alma valiente y sabia! Entonces, antes de entrar en el meollo del asunto, tendremos que discutir cuál será su mejor amigo de seguridad en criptomoneda: ¡su billetera!

Debido a que las criptomonedas son activos financieros en línea sin contrapartes físicas reales, autónomas y descentralizadas, buscar el tipo correcto de billetera puede marcar la diferencia entre una cartera segura de criptomonedas y una que esté en alto riesgo de robo mediante piratería. Y dado que las criptomonedas están más allá de las autoridades supervisoras y reguladoras del gobierno de cualquier país, no puede permitirse el lujo de dejarlo abierto para el robo en línea. Por lo tanto, mantener sus inversiones en criptomoneda es de suma importancia, lo que hace que la elección de la cartera correcta sea lo más importante.

Para comprender mejor lo valioso que es elegir la cartera de criptomonedas correcta, es crucial que primero se haga una idea de cómo funcionan las transacciones de criptomonedas. La forma principal en que podrá comprar y vender criptomonedas es a través de los intercambios de criptomonedas, al igual que la compra y venta de acciones se realiza solo a través de las bolsas de valores. Entonces, para entender cómo funciona, está en orden una discusión sobre cómo funcionan los intercambios de criptomonedas.

Cuando compra una criptomoneda en particular en un intercambio de criptomonedas, a la cantidad de criptomonedas que compró se le asignará un código digital específico correspondiente. Esto se denomina clave pública de su transacción, que es exclusiva de esa transacción solamente. Y parte de la información crucial sobre su transacción que se registrará en la cadena de bloques, como parte del registro oficial de esa criptomoneda específica, es la cantidad de criptomonedas que compró y las claves públicas correspondientes.

Mientras que a sus transacciones en un intercambio de criptomonedas en particular se les asignan claves públicas específicas para propósitos de blockchain, el intercambio en el que compró un formulario de criptomoneda también asigna una clave privada a sus transacciones de compra. Siempre debe recordar esto: sus claves privadas se consideran el elemento vital de sus cuentas de criptomoneda. Si olvida sus claves privadas o si alguien las toma y las usa para agotar su cuenta de criptomoneda, puede despedirse de sus inversiones en criptomoneda para siempre. No hay vuelta atrás o recuperarlos. Sus claves privadas son sus medios para acceder a las criptomonedas que compró.

Si deja sus claves privadas y sus correspondientes criptomonedas en sus cuentas de intercambio, entonces sus riesgos por el robo de sus claves privadas y sus criptomonedas son muy altos. Por eso es crucial que pueda moverlos a un almacenamiento muy seguro. Y lo has adivinado bien: ¡ese almacenamiento se llama una cartera de criptomonedas!

Una billetera de criptomonedas es casi lo mismo que su billetera física en el sentido de que es donde guardará sus criptomonedas. Y cuando se habla de carteras de criptomonedas, hay dos tipos generales: carteras frías y calientes. Las carteras calientes son carteras en línea, mientras que las carteras frías son aquellas que están fuera de línea. Su intercambio de criptomonedas preferido ofrece carteras de almacenamiento en caliente. Pero como se mencionó anteriormente, mantener sus claves privadas en sus cuentas de intercambio o carteras las pone en un riesgo muy alto de piratería o robo.

Otro ejemplo de una billetera de almacenamiento en caliente es una aplicación instalada en su escritorio o computadora portátil que siempre se utiliza para conectarse a Internet. Si bien tiene un riesgo mucho menor de piratería informática, ya que puede controlar personalmente sus claves privadas y cifrar su billetera, aún es pirateable por muy buenos hackers. Además, aún puede perder sus claves privadas en el momento en que la computadora se dañe demasiado para repararla.

Por las razones anteriores, es mejor que almacene sus claves privadas en carteras de almacenamiento en frío o carteras fuera de línea. ¿Por qué? La respuesta es muy obvia: las cuentas fuera de línea no pueden ser hackeadas porque están fuera de línea.

Cuando elijas tu billetera de

almacenamiento en frío, elige las billeteras de hardware. Son dispositivos que puede conectar y desconectar fácilmente de su computadora portátil o de escritorio, generalmente a través del puerto USB, y donde puede guardar sus claves privadas de manera segura. Solo necesita conectar su billetera de hardware al puerto USB de su computadora cada vez que realice transacciones en esa criptomoneda y luego desenchúfela por razones de seguridad. Son tan simples y fáciles de usar.

Pero tal seguridad puede tener un precio, una etiqueta de precio bastante fuerte. Pero la tranquilidad no tiene precio y, como tal, invertir en una billetera de hardware vale la pena. Algunas de las carteras de hardware más populares son Ledger Nano, KeepKey y Trezor.

Siempre que transfieras tus criptomonedas de tu cuenta de intercambio a tu billetera de hardware, tus claves privadas se etiquetan y se transfieren también. Y debido a que su clave privada ya se transfirió a un dispositivo de almacenamiento fuera de línea como su billetera de hardware en frío, el riesgo de ser hackeado y robado se vuelve prácticamente cero. Y suponiendo que sea lo suficientemente cuidadoso como para garantizar que solo tenga acceso a su billetera de hardware, todo esto garantiza la seguridad de sus inversiones en criptomonedas.

Oh, casi olvido mencionar que se le cobra una cantidad relativamente pequeña, un porcentaje de su criptomoneda, como comisiones de transacción cada vez que las transfiere de su cuenta de cambio a su billetera y viceversa. ¿Por qué? Es darles a los mineros de criptomonedas (¿los recuerdan?) Para priorizar el trabajo en la validación de su transacción primero y, por lo tanto, acelerar su validación. La pequeña tarifa también se utiliza para desalentar las transacciones maliciosas que son voluminosas, que pueden obstruir seriamente los sistemas de la mayoría de

las criptomonedas

Capítulo 5 - Importantes mentalidades de inversión en criptomoneda

Antes de invertir en criptomonedas, hay varias cosas en las que debe pensar: mentalidad, si lo desea. Tomarse el tiempo para reflexionar sobre esto aumentará significativamente sus posibilidades de poder tener éxito.

Una razón convincente

¿Alguna vez te has preguntado por qué inviertes tu dinero? En serio, ¿verdad? Sé que puedes pensar "¿Por qué diablos necesito hacer eso?" ¿No es muy obvio? ¡Se trata de maximizar el valor de mi dinero!

Y aquí está mi respuesta: ¡no, no lo es! Maximizar las ganancias o los rendimientos de su inversión, o incluso invertir en sí mismo, a menudo es solo un medio para lograr algo más significativo, algo más profundo. Algunos de estos objetivos más significativos pueden incluir ser capaz de llevar a su bebé recién nacido a la universidad con éxito cuando cumpla los 18 años, tener suficientes ingresos pasivos para jubilarse temprano a los 50 años o poder mudarse a la casa de su familia después de los 10 años.

Ahora, ¿por qué debería preguntarse por qué invierte su dinero? Es porque sin una razón convincente, las tentaciones son altas para dejar de fumar cuando las cosas se ponen difíciles o aburridas, y para tomar decisiones apresuradas en las que se debería haber empleado un análisis cuidadoso. Debido a que invertir en criptomonedas no es un asunto trivial, ni un esfuerzo sin complicaciones, debe poder tomar las decisiones correctas en el momento correcto cuando se trata de invertir su dinero duramente ganado.

Si su única razón es ganar dinero, esa es una razón muy superficial para invertir en criptomonedas. Una razón superficial le hará muy fácil elegir sus inversiones en criptomoneda a su antojo, es decir, sin mucha investigación y análisis. También puede hacer que elija las estrategias equivocadas para invertir con éxito en criptomonedas y fracasar miserablemente. Pero si tiene una razón muy convincente por la que necesita poder invertir su dinero con éxito en criptomonedas, tomará esto con la suficiente seriedad para dar la debida diligencia al esfuerzo y administrar sus inversiones en criptomoneda con la mentalidad de un administrador de fondos profesional.

Su tasa de retorno requerida

Si recuerda de antes, una de las reglas fundamentales de la inversión es la relación entre el riesgo y el rendimiento: cuanto más alta es la tasa de rendimiento esperada, debe sentirse cómodo asumiendo mayores riesgos financieros porque, cuando se trata de obtener tasas de rendimiento mucho más altas. Inversiones, la volatilidad puede ser tu mejor amigo.

La razón por la que le recordé esto es porque para poder alcanzar sus principales objetivos financieros, sus razones convincentes para invertir, necesita poder invertir su dinero en activos que generarán el mejor rendimiento. Y cuando se trata de los mejores rendimientos, no siempre se trata de la tasa de rendimiento más alta. ¿Por qué?

¡Es porque las tasas de retorno promedio no pintan una imagen completa! Además de las tasas de rendimiento promedio, también debe considerar la volatilidad de la tasa de rendimiento de un activo, que se mide principalmente por la desviación estándar. La desviación estándar es una medida estadística que le indica cuánto puede esperar razonablemente que los resultados se desvíen del promedio o la media.

Para ayudarlo a apreciar esto en un nivel práctico, consideremos 2 criptomonedas A y B. La tasa de rendimiento mensual promedio de Crypto A es del 15% con una desviación estándar del 3%. Crypto B, por otro lado, tiene una tasa de retorno mensual promedio del 30%, pero con una desviación estándar de alrededor del 20%. Basado puramente en tasas de rendimiento mensuales promedio, es fácil elegir crypto B porque su rendimiento mensual promedio es el doble del de crypto A. ¡Pero hay más de lo que parece!

Para obtener una estimación más precisa de las posibles tasas de rendimiento, también debe considerar la desviación estándar del activo de inversión. Para crypto A, solo es del 3%, lo que significa que puede esperar razonablemente su rendimiento mensual de crypto A, en caso de que decida invertir en él, que oscile entre el 12% (15% y 3%) como mínimo al 18% (15% + 3%) máximo. Para crypto B, su desviación estándar de alrededor del 20% significa que puede esperar razonablemente que su rendimiento mensual sobre crypto B se ubique entre el 10% (30% - 20%) como mínimo y el 50%

(30% + 20%) en el maximo.

¿Cuál de los 2 debería elegir? Bueno, depende de la tasa de rendimiento mínima requerida de su objetivo. Si planea invertir dinero para la educación universitaria de su hijo dentro de 10 años y si se basa en sus cálculos, deberá invertir su dinero en un activo con una tasa de retorno de la inversión mensual mínima esperada de al menos el 15%. está claro que debe invertir en crypto A porque su rendimiento mínimo esperado está más cerca del mínimo del 15%. Pero si su tasa de rendimiento mínima requerida era solo del 9%, entonces Crypto B tendría más sentido porque incluso si su rendimiento mínimo esperado es menor que el de Crypto A, es aún mayor que su tasa de rendimiento mínima requerida y su máximo mensual esperado ¡el retorno es más del doble que el de las criptografías A (50% vs. 18%)!

Tu línea de tiempo

Para sacar el máximo provecho de su

dinero invertido con respecto al logro de un objetivo específico, también debe considerar cuánto tiempo tiene para alcanzar ese objetivo. ¿Por qué? Para que sepa si puede o no puede asumir mayores riesgos de inversión. Permíteme explicarte.

Si planea maximizar los rendimientos asumiendo inversiones de mayor riesgo, debe hacerlo solo al inicio de su período de inversión o cronograma. En caso de que sus rendimientos reales no estén a la par, todavía tiene la última parte de la línea de tiempo o período de inversión para compensar el desempeño deslucido. Tomemos el caso de invertir para la jubilación, por ejemplo.

Digamos que solo tiene 25 años y está planeando su jubilación a los 60 años. Tiene 35 años para invertir en su jubilación. Desde ahora hasta los 40 años, aún será factible invertir en activos de alto riesgo como criptomonedas o contratos de futuros de Bitcoin. ¿Por qué? Es porque si sus inversiones en dichos activos se vuelven amargas, los riesgos de los cuales son relativamente altos, aún puede compensarlo y recuperar sus pérdidas en los próximos 20 años a través de activos más conservadores como acciones de primera clase, bonos corporativos y valores gubernamentales. . Si invierte su dinero duramente ganado en criptomonedas a partir de los 50 años y su volatilidad resulta desfavorable para usted, es posible que no tenga tiempo suficiente para recuperar sus pérdidas, lo que puede impedirle retirarse a los 60 años.

Cualquier gestor de fondos que valga la pena le dirá lo mismo: invierta agresivamente al comienzo, luego disminuya hacia inversiones conservadoras hacia el final para asegurar sus ganancias. Así que piense en su línea de tiempo de inversión al elegir en qué criptomonedas en particular invertir y cuánto dinero comprometer con ellas.

Apetito por el riesgo

Otra cosa a considerar cuando se determina en qué criptomonedas invertir y, lo que es más importante, cuánto invertir en ellas, es su apetito por el riesgo. ¿Cuántas pérdidas potenciales estás absorbiendo? ¿Cuánto tiempo puede comprometer una cantidad específica de dinero para invertir antes de que la necesite? Estas dos preguntas pueden ayudarlo a obtener una estimación de cuánto riesgo está dispuesto a asumir, es decir, su apetito por el riesgo.

Un riesgo que debe considerar cuando se trata de invertir en criptomonedas es el más obvio, que es el riesgo de mercado. Este tipo de riesgo se refiere a la posibilidad de incurrir en pérdidas debido a cambios en los precios de mercado de las criptomonedas en las que desea invertir.

Otro tipo de riesgo que debe estar dispuesto a considerar es el riesgo de liquidez del mercado, que se refiere al riesgo de que no pueda convertir inmediatamente sus inversiones en criptomoneda en monedas fiduciarias o regulares y recibirlas cuando sea necesario. Verá, dado que las criptomonedas en general aún no son ampliamente aceptadas por los mercados financieros principales, puede tomar un par de pasos antes de que pueda recibir los ingresos de la moneda fiduciaria de su venta de criptomonedas. Si su banco no le permite recibir directamente fondos de moneda fiduciaria del intercambio de monedas criptográficas en el que liquidó (vendió) sus inversiones en monedas criptográficas, entonces deberá remitir los ingresos a otra institución financiera que pueda servir como puente para su venta. Procede a cruzar en su cuenta bancaria regular. Y eso puede tomar desde varios días hasta una semana.

Impacto real de las pérdidas financieras

La última consideración para elegir sus inversiones, independientemente de sus criptomonedas o algún otro activo financiero tradicional, es el posible efecto financiero, en términos de moneda real, de los movimientos adversos de los precios en sus inversiones. Una cosa es mirar el porcentaje de ganancias o pérdidas, como el ejemplo que di en la sección anterior sobre su tasa de rendimiento requerida, y otra es ver cómo dichos porcentajes, especialmente las pérdidas potenciales, se traducirán en términos monetarios reales. ¿Qué quiero decir con eso?

Por ejemplo, el rango esperado de rendimientos mensuales de la criptomoneda A, basado en los rendimientos mensuales promedio y la desviación estándar, está entre -20% y 50%. Si se desarrolla el peor de los casos, que es de -20%, piense cuánto es el de una inversión de $ 10,000. Esto significa que si invierte $ 10,000 en criptomoneda A, cuyos rendimientos pueden ser tan bajos como -20% según un buen estudio estadístico, es posible perder aproximadamente $ 2,000 en un mes. Ese es su impacto financiero potencial estimado basado en los retornos mensuales promedio esperados.

Ahora, aquí está la pregunta: ¿te sientes cómodo asumiendo el riesgo de perder potencialmente $ 2,000 en un mes por la posibilidad de obtener un retorno del 50% de tu inversión de $ 10,000 o $ 5,000? Si no lo eres, entonces no inviertas en esa criptomoneda en particular. Nunca inviertas en algo con lo que no te sientas cómodo asumiendo riesgos.

Capítulo 6 - Inversión en criptomoneda

Ahora es el momento de hablar sobre las estrategias reales y los pasos necesarios para invertir con éxito en criptomonedas lo antes posible. Y nuevamente, permítanme recordarles por enésima vez que la criptomoneda es mucho más arriesgada que las inversiones tradicionales impulsadas por el mercado, como acciones, divisas y derivados, por las razones expuestas en el Capítulo 3. Y también tenga en cuenta que es más alta que la el riesgo de inversión promedio que posiblemente puede ofrecerle rendimientos o ganancias muy superiores en comparación con las inversiones tradicionales de bajo riesgo y orientadas al mercado que acabo de mencionar. Pero antes de continuar, deberá comprender dos formas diferentes de invertir en criptomonedas.

Invertir a largo plazo vs. Comercio

Mucha gente confunde las palabras,

invertir y comerciar, una para la otra. Es comprensible, ya que ambas son actividades mediante las cuales puede hacer que su dinero gane más dinero y, como tal, ¡ambas son realmente inversiones! Pero son diferentes y tendrá que saber si lo que quiere es invertir o invertir, especialmente a largo plazo.

El comercio es básicamente una inversión a corto plazo. Usted compra un activo financiero como Bitcoin y en el momento en que su precio sube un 10%, lo vende de inmediato, aunque sea en unas pocas horas. El comercio es una forma muy rápida de obtener ganancias y en momentos en que los mercados se están moviendo hacia los lados, no hay una tendencia clara si es alcista o bajista, aún puede hacer una matanza con su retorno de las inversiones. Esto se debe a que durante los movimientos laterales, los precios seguirán subiendo y bajando muchas veces. Si es capaz de generar al menos un 10% de ingresos de negociación por cada vez que el mercado suba al menos un 10% antes de volver a caer, es posible que doble su dinero en solo una semana o dos.

Por otro lado, invertir o, más específicamente, invertir a largo plazo, es una estrategia en la que simplemente compra un activo financiero, como una criptomoneda, y lo mantiene durante varios años antes de vender a un precio mucho más alto. Debido a su naturaleza de compra y mantenimiento, esta estrategia de inversión también se conoce como una estrategia de "comprar y olvidar".

Tanto el comercio como la inversión tienen sus pros y sus contras. El comercio requiere que usted supervise de cerca sus inversiones para que pueda capturar rápidamente su precio cuando alcance su tasa de rendimiento mínima. Pero eso requiere que prácticamente lo hagas a tiempo completo, que es una de las razones por las que muchas personas no invierten en criptomonedas o incluso en acciones. Necesitan monitorear sus inversiones hora tras hora para asegurarse de que ganan mucho tiempo y no pierden dinero. Y la mayoría de las personas no pueden darse el lujo de hacer eso porque tienen trabajos o negocios que administrar. Pero aquellos que lo hacen encuentran que pueden ganar más ingresos de sus inversiones en un período de tiempo más corto, lo que les deja más tiempo para hacer las cosas que les encanta hacer.

El atractivo de las inversiones a largo plazo para la mayoría de los inversores es el hecho de que no tienen que estar al día de sus inversiones día a día. Ellos simplemente compran y se olvidan de ello. Pueden, solo por el bien de la información, verificar el precio de mercado de sus inversiones impulsadas por el mercado una vez al mes. Pero la mayoría de los otros inversores a largo plazo simplemente esperan un año o más antes de verificar sus inversiones. ¿Por qué es así? En particular, si invierten en inversiones de menor riesgo como las acciones de primer orden, sus precios generalmente aumentan a través de los años, independientemente de si los monitorean o no. Pero las oportunidades de ganancias pueden ser generalmente muchos menores en comparación con las estrategias comerciales.

Entonces, ¿qué notaste entre los dos? Así es, cuanto mayor sea el rendimiento esperado, mayor será el riesgo o, en este caso, la carga de trabajo. Entonces, si está dispuesto a dedicar mucho más tiempo y esfuerzo para obtener ganancias más grandes y más rápidas, ¡realice transacciones! Si solo desea sentarse, relajarse y obtener sus recompensas después de varios años, opte por inversiones a largo plazo.

Invertir en criptomonedas por primera vez

Lo primero que debe hacer para comenzar es elegir una criptomoneda en particular para invertir. E incluso si las criptomonedas suenan como un grupo genérico de inversiones, cada una de ellas tiene sus propias características únicas que, en efecto, las diferencian de una. otro. Como tal, sería absurdo suponer que si has estudiado uno, los has estudiado a todos. Por lo tanto, debe hacer un buen esfuerzo en la investigación de al menos las principales criptomonedas antes de elegir en cuál invertir.

Una vez que haya elegido la criptomoneda de su opción de inversión, es el momento de decidir qué plataforma comprarlos. En otras palabras, es hora de decidir en qué intercambio de criptomoneda se registra y compra su primera inversión en criptomoneda. ¿Y cuáles son estos intercambios?

Los intercambios se refieren a instituciones o negocios donde se permite la compra y venta de activos financieros específicos. Si está buscando comprar o vender acciones, entonces deberá hacerlo a través de una bolsa de valores como el NASDAQ o la Bolsa de Nueva York (NYSE). Si está buscando intercambiar contratos de futuros y opciones, entonces la Bolsa Mercantil de Chicago es uno de los mejores intercambios a los que puede acceder. Y para invertir en criptomonedas, tendrá que hacerlo a través de un intercambio de criptomonedas.

La razón más importante por la que necesita registrarse para obtener una cuenta con un intercambio de criptomonedas es esta: es el único lugar donde puede comprar y vender criptomonedas. ¡Es así de simple! A diferencia de las acciones, monedas o bonos que tienen versiones físicas y mercados regulados, las criptomonedas son de naturaleza puramente digital y, por lo tanto, no tienen mercados activos fuera de los mercados digitales o en línea que ofrecen los intercambios de criptomonedas. Algunos de los intercambios de criptomonedas más grandes y populares incluyen GDAX, Kraken, Bitfinex y Gemini para dos de las mayores criptomonedas Bitcoin y Ethereum. Para todas las demás criptomonedas, es decir, altcoins, Poloniex es un buen intercambio para registrarse, ya que le permite intercambiar más de 80 criptomonedas en su plataforma. La única desventaja de usar Poloniex es que solo puede comprar y vender criptomonedas usando criptomonedas. Esto significa que no puede contar con sus tarjetas de crédito o cuentas bancarias en línea para financiar sus compras en la plataforma y que tendrá que comprarlas en otros mercados antes de hacer negocios en Poloniex.

Después de decidir en qué plataforma comprar sus criptomonedas, continúe y abra una cuenta con ese intercambio. En términos generales, la apertura de la cuenta y el proceso de verificación pueden ser un poco tediosos porque estos intercambios, que no están regulados por ninguna institución financiera del gobierno, tienen mucho cuidado de garantizar que se realizarán transacciones con la persona que usted afirma ser. Y cuanto más puedan hacer eso, más podrán garantizar la privacidad y seguridad de sus cuentas. Entonces, aunque puede ser un poco tedioso, puede ser más paciente sabiendo que al final del día, todo será para su propio beneficio.

Después de abrir una cuenta en línea, lo más probable es que su intercambio de opciones le solicite una copia escaneada de cualquier identificación válida emitida por el gobierno de su país, como una licencia de conducir o pasaporte. En promedio, las cuentas de intercambio de criptomonedas se validan y procesan dentro de 3 días hábiles, pero en algunos casos, más de una semana.

Una última cosa antes de comprar cryptocurrencies: considere obtener una billetera de hardware de almacenamiento en frío para garantizar la seguridad de sus inversiones en cryptocurrency. Como se mencionó anteriormente en el Capítulo 4, se recomienda encarecidamente que obtenga una billetera de hardware de almacenamiento en frío para garantizar la seguridad de las claves privadas de sus inversiones en criptomonedas y, en consecuencia, sus inversiones en criptomonedas. Pero si tiene un presupuesto ajustado o simplemente no quiere gastar dinero adicional, siempre puede usar billeteras de almacenamiento en caliente, pero con un riesgo relativamente mayor de piratear y perder sus inversiones en criptomoneda ganadas con esfuerzo. Entonces, una vez que haya recibido su billetera, independientemente de si se trata de almacenamiento en frío o caliente, es hora de comprar su criptomoneda en el intercambio que elija. Una vez que haya comprado con éxito sus criptomonedas en ese intercambio, transfiera sus claves privadas de inmediato a su billetera de almacenamiento en frío (si ha elegido usar una) o a la cartera de almacenamiento de su elección.

Una cosa que debe saber sobre la compra de sus criptomonedas en los intercambios es que no son gratis, ya que los intercambios le cobrarán una tarifa de transacción por sus servicios. No se preocupe, las tarifas de transacción no son excesivas. Después de todo, los intercambios son negocios que también necesitan ganar dinero para continuar operando con éxito y de manera consistente. Sería difícil para los intercambios de Cryptocurrency continuar brindándole un gran servicio si no ganan el dinero suficiente para mantener sus gastos operativos y actualizar sus sistemas regularmente. Las tarifas de transacción son normalmente un porcentaje fijo de su transacción, de modo que solo aumenta cuando el valor de sus transacciones aumenta.

Entonces, para resumir los pasos sobre cómo comenzar a invertir en criptomonedas:

- Elija su criptomoneda o monedas;

- Elija un intercambio de criptomonedas en el que pueda comprar su criptomoneda elegida y abra una cuenta con ese intercambio;

- Después de validar su cuenta con el intercambio de criptomonedas elegido, elija el tipo de billetera en la que almacenará sus claves privadas y criptomonedas, preferiblemente una billetera de hardware de almacenamiento en frío;

- Compre su criptomoneda a través de su cuenta validada con su intercambio; y

- Inmediatamente transfiera sus llaves privadas a su billetera para guardarlas.

Estrategias de inversión en criptomoneda

Una de las estrategias que emplearás, te gusten las matemáticas o no, es calcularlas. Y para esto, tendrá que aprender los conceptos básicos de la media (promedio) y la desviación estándar, que tratamos en el Capítulo 5 sobre su tasa de rendimiento requerida. Entonces, ¿por qué tienes que hacer los cálculos, incluso si odias los números?

Por un lado, invertir en criptomonedas consiste en ganar dinero, y no puede determinar si ha invertido con éxito su dinero si no tiene números para ver. Así que por defecto, la inversión es todo acerca de los números. Y al estar basado principalmente en los números, no puede elegir sus inversiones en criptomoneda basándose únicamente en la intuición o las emociones.

La media, que es el promedio, le indica que, en función de las tasas de rendimiento pasadas de una inversión particular, puede esperar razonablemente que sus tasas de rendimiento futuras estén en un valor específico. Pero, por supuesto, no es una estimación exacta porque sus tasas de rendimiento anteriores varían. Aquí es donde entra en juego la desviación estándar. Como se mencionó en el Capítulo 5, la desviación estándar le indica que, en función de las tasas de rendimiento anteriores de una inversión en particular, puede esperar razonablemente que las tasas de rendimiento futuras se desvíen de la media o del promedio en cierto nivel.

Si la media o el promedio mensual de 12 meses para una criptomoneda en particular es del 20% y su desviación estándar es del 5%, puede razonablemente (no es perfecto, no hay tal cosa) estimar el rango de rendimientos donde la tasa de rendimiento posible del próximo mes puede otoño. En este caso, sería del 15% (20% - 5%) para el límite inferior y del 25% (20% + 5%) para el límite superior. Cuando sepa cómo estimar esto, estará en una muy buena posición para elegir objetivamente la criptomoneda que tenga la mayor probabilidad de ayudarlo a alcanzar la tasa de rendimiento requerida, que también analizamos en el Capítulo 5. Sé que no todos es un matemático, por lo que le sugiero encarecidamente que consulte los tutoriales en video en YouTube sobre cómo calcular la media y la desviación estándar con Microsoft Excel. Confía en mí, será muy fácil hacerlo en Excel.

La segunda estrategia para invertir con éxito en criptomonedas es esta: la investigación. En particular, deberá investigar los precios pasados de las criptomonedas en las que está interesado en invertir, ya que sin esos datos no podrá calcular la media y la desviación estándar de las tasas de rendimiento. Pero más que solo estadísticas, también necesitará investigar piezas cruciales de información que pueden afectar sustancialmente los precios de mercado de las criptomonedas en las que está interesado invertir, como declaraciones o posiciones de autoridades regulatorias gubernamentales o listados en las principales Mercados financieros como el Chicago Mercantile Exchange, que ahora permite la negociación de contratos de futuros con Bitcoins. Tenga en cuenta que debido a que las criptomonedas no tienen métodos de valoración objetiva reales,los datos de mercado y la información clave deben investigarse bien, ya que son estos datos los que ayudan a determinar hacia dónde se dirige el valor de las criptomonedas.

La diversificación es otra estrategia importante para invertir con éxito en criptomonedas. En términos sencillos, la diversificación significa nunca poner todos sus huevos de inversión en una sola canasta. Entonces, ¿por qué debería invertir en más de una criptomoneda?

Este es el por qué. Si pone todo su dinero de inversión en criptomoneda en solo uno, digamos Bitcoin, en el momento en que el precio se desploma, lo que ya sucedió en enero de 2018, ¡entonces está completamente tostado! Pero si lo distribuye entre Bitcoin, Ripple y Ethereum, si uno de ellos falla y los otros dos no, entonces sus pérdidas se limitarán a esa criptomoneda en particular.

Pero, lo que es más importante, ni siquiera debe poner todo el dinero de su inversión solo en criptomonedas, independientemente de si invierte en una o 10 criptomonedas diferentes. ¿Por qué? Es porque son de la misma clase de activos: las criptomonedas. Las posibilidades son altas cuando el precio de uno se derrumba, los precios de otros pueden seguir su ejemplo, aunque en diferentes grados. Es por eso que la verdadera diversificación no consiste solo en invertir en diferentes activos del mismo tipo sino en diferentes activos por completo. Esta estrategia no es solo para la inversión en criptomoneda, sino también para la inversión en general, independientemente de los activos financieros, por ejemplo, acciones, bonos, divisa.

La última estrategia de inversión que puede aplicar para una inversión exitosa, una que es especialmente útil para inversiones a largo plazo, es el costo promedio. ¿Qué es esta estrategia y qué la hace efectiva?

El costo promedio se refiere a la estrategia de comprar continuamente un activo financiero específico (por ejemplo, acciones, bonos, monedas y criptomonedas) en incrementos más pequeños, independientemente de si el precio de mercado de ese activo está subiendo o bajando. Es bastante obvio decir que esta es una buena estrategia cuando el precio de un activo financiero en particular ha estado subiendo, pero ¿incluso cuando los precios están bajando? ¿Seriamente?

¡Sí, en serio! Hacer eso cuando los precios bajan lo ayuda a reducir su costo promedio en ese activo financiero, lo que significa que puede recuperar sus pérdidas mucho más fácilmente que si simplemente compró una vez y esperó a que el precio volviera a subir a su precio de compra. Para ayudarte a entender mejor, aquí hay un ejemplo práctico de lo que quiero decir.

Digamos, y esto es solo un ejemplo, ok, que compró 1 Bitcoin a $ 20,000 y su precio bajó a solo $ 15,000. Para recuperar sus pérdidas, tendrá que esperar a que su precio suba hasta los $ 20,000, ¿verdad? ¡Derecha! Pero si compró otro Bitcoin cuando se acumuló a $ 15,000, eso le da 2 Bitcoins a un precio de compra promedio o costo de $ 17,500 solamente. Por lo tanto, no tiene que esperar a que los precios de Bitcoin suban de nuevo a $ 20,000 para alcanzar el punto de equilibrio: solo $ 17,500. De hecho, para cuando se remontan a $ 20,000, ya habrías obtenido $ 2,500 debido a la estrategia de promedio de costos.

Teniendo en cuenta que no puede predecir perfectamente si el precio bajará o subirá, es mejor distribuir el dinero de inversión total para las criptomonedas en 5 cuotas para que pueda aplicar el promedio de costos. Entonces, si planea invertir un total de $ 1,000, entonces distribúyalo en 5 inversiones mensuales de $ 200 por. Eso puede ayudarlo a reducir su costo si los precios bajan en los próximos 5 meses.

Inversiones alternativas en criptomonedas

Al igual que con las acciones, puedes invertir en criptomonedas de manera indirecta, en caso de que todavía no te sientas cómodo invirtiendo directamente en ellas. ¿Cómo? Uno es a través de un fondo o fideicomiso administrado donde una compañía de administración de fondos agrupa el dinero de las personas e invierte ese dinero en criptomonedas. La belleza de este tipo de inversión es que tiene administradores de fondos profesionales que realizan todo el trabajo de negociación e inversión a largo plazo en criptomonedas para usted.

Un ejemplo de este tipo de inversión es Graustale Bitcoin Investment Trust, que puede decirse que se centra en Bitcoin como su activo de inversión en criptomoneda. Pero una cosa que debe tener en cuenta es que la conveniencia tiene un precio, que es mayor que el valor del activo neto (NAV, es decir, el precio por unidad de inversión fiduciaria) cuando compra el fondo. Además, el fondo es muy volátil debido a la volatilidad en los precios de sus activos subyacentes, que es Bitcoin. Pero al menos, no tiene que preocuparse por usted mismo.

Otra forma en que puede invertir indirectamente con las criptomonedas, aunque todavía se limita solo a Bitcoins, es a través de contratos de futuros a través de la Bolsa Mercantil de Chicago. Esto es más adecuado para el comercio que para la inversión a largo plazo. Los contratos de futuros son activos financieros donde las partes acuerdan comprar y vender un activo subyacente, Bitcoins en este caso, en una fecha particular en el futuro a un precio predeterminado. Cuanto más positivo sea el sentimiento del mercado sobre el precio futuro del activo financiero, mayor será el precio de los contratos de futuros y viceversa.

Capítulo 7: Cómo mantener sus inversiones seguras: el problema de la estafa

La inversión exitosa, ya sea con criptomonedas o con otros activos financieros, no se trata solo de poder generar su tasa de rendimiento mínima requerida. También se trata de proteger tu dinero de las personas que no amarían más que engañarte de tu dinero duramente ganado. Por eso dediqué este capítulo a mostrarle cómo detectar posibles estafas para evitarlas. Para esto, discutiremos 2 cosas importantes sobre cómo evitar las estafas: banderas rojas e investigación.

Banderas rojas

Muchas personas son víctimas de estafadores simplemente porque no eran lo suficientemente afiladas como para oler esas estafas, incluso cuando ya estaban a 3 pies frente a ellas. Lo que quiero decir con esto es que no sabían cómo se ve y cómo huele una estafa, que es cómo los estafadores pudieron aprovecharse de ellos. Es por eso que cuando se trata de evitar las estafas de inversión, el conocimiento es poder.

La primera y muy obvia bandera roja es la tasa de rendimiento prometida de su inversión. Al ser una inversión impulsada por el precio del mercado, nadie puede garantizar la tasa de rendimiento de una inversión en criptomoneda. Entonces, en el momento en que alguien le ofrezca una inversión en criptomoneda con un ingreso garantizado o una tasa de retorno de su inversión, ¡esa es la señal de que es una estafa!

Y hablando de las tasas de rendimiento prometidas, incluso si la persona que le ofrece la inversión dice que puede o puede, ambas implican posibilidades en lugar de certezas, obtener una tasa de rendimiento muy superior a la media histórica (considerando la desviación estándar), probablemente una estafa. ¿Por qué? ¡No hay base para un rendimiento tan estimado! ¡Se acaba de hacer!

Otra bandera roja relacionada con la tasa de rendimiento es la consistencia perfecta. Si el representante de inversiones le muestra que el precio de sus criptomonedas nunca baja y simplemente sube, es una estafa. Ninguna inversión legítima impulsada por el mercado ha registrado un repunte perfectamente constante en sus precios.

Otra bandera roja a tener en cuenta es la complejidad. Los esquemas de inversión legítimos pretenden ser tan simples como sea posible por muchas razones, algunas de las cuales incluyen obtener más clientes y para la institución que ofrece las inversiones en sí mismas, la facilidad de administrar el dinero de las personas. ¿Por qué demonios alguien presentaría deliberadamente un esquema de inversión muy complicado, similar a un cohete científico? Sencillo: ¡quieren parecer muy competentes y vanguardistas para que las personas se convenzan de invertir en sus chanchullos! Entonces, en el momento en que se presenta un programa de inversión muy complejo, ¡corre por las colinas! Nunca jamás inviertas en algo que realmente no entiendes!

Los ejecutivos de cuentas muy agresivos también pueden ser una bandera roja, aunque no siempre es así. Sin embargo, desconfíe de ellos porque incluso si el producto de inversión que ofrecen es legítimo, ser demasiado agresivo puede presionarlo para que tome decisiones de inversión que no fueron bien pensadas. ¿Recuerda lo que dije sobre invertir a ciegas o no entender completamente en qué se está metiendo? Invertir ignorantemente, incluso en esquemas de inversión legítimos, puede dejarlo llorando por las pérdidas más adelante.

Para ser más específicos, una de las formas en que los estafadores engañan a las personas para que inviertan con ellos es mediante el uso de la táctica de escasez. La táctica de escasez es aquella en la que los mercadólogos le dirán que su oferta solo es válida por un corto período de tiempo, y para aprovechar su promoción, ¡tendrá que actuar ahora! Apelarán, o incluso desencadenarán, su miedo a perderse cosas buenas en la vida. Y al apresurarte a tomar una decisión por temor a perderse, pueden hacer que tomes una decisión muy irracional que luego lamentarás.

Por último, un sitio web sin un certificado SSL puede ser indicativo de una estafa de criptomoneda. Recuerde, las criptomonedas son activos financieros digitales o en línea. Por lo tanto, el sitio web en el que va a invertir debe ser seguro, muy seguro. SSL, o Secure Sockets Layer, en el sitio web de inversiones en criptomonedas de la compañía significa que está certificado como seguro y estará disponible a largo plazo. Ninguna certificación plantea un riesgo muy alto de que no esté disponible en el largo plazo. Así que manténgase alejado de los sitios web de criptomoneda que no tienen SSL en su URL. Esto se puede ver en los sitios web con la palabra "https" al principio de su URL. Si solo es "http" o si no indica "https", no es seguro.

Investigación

Su capacidad para identificar señales de alerta para las estafas de inversión no es solo lo único que lo ayudará a evitar ser estafado porque hay veces en que las estafas no muestran señales de advertencia, es decir, están hechas para parecer legítimas. Hasta este punto, también deberá investigar bien las inversiones en criptomonedas que se le ofrecerán. Y una gran parte de ser capaz de hacer una buena investigación es hacer las preguntas correctas.

Ahora, invertir en las criptomonedas como Bitcoin, Monero, Litecoin, Ethereum y Ripple ya no debería ser un misterio. Todo lo que deberá investigar probablemente son los movimientos históricos de precios y la información y desarrollos actuales disponibles al público. Pero si está buscando invertir en nuevas criptomonedas, entonces primero tendrá que hacer su tarea para minimizar los riesgos de pérdidas o ser estafado.

Una cosa sobre la cual investigar cuando se trata de invertir en criptomonedas es la historia. Cuanto más tiempo haya existido, menor será la probabilidad de que sea una estafa o de que muera antes. Otra cosa sobre la que se debe investigar es su volumen de transacciones diario promedio, donde se pueden obtener datos. Cuanto mayor sea el volumen de operaciones, una criptomoneda en particular significa que la criptomoneda goza de un alto nivel de confianza en los inversores y eso puede significar un menor riesgo de que sea una estafa.

Otra cosa en la que puedes investigar, una que puede ayudarte a determinar si es una estafa debajo de la superficie brillante, es dónde se intercambia. En particular, ¿en qué intercambios se negocian? ¿Porque es esto importante? Los intercambios son muy particulares al mantener su reputación estelar con el público inversor y, si dejan entrar una criptomoneda que es una estafa, será su muerte. Como tal, los nuevos desarrolladores de criptomonedas tendrían que mover el cielo y la tierra para que sus criptomonedas se incluyeran en los principales intercambios, que se pueden ver como un sello de aprobación que grita "¡esto es legítimo!" Algunos de los intercambios de criptomonedas más confiables del mundo incluyen GDAX, Kraken, Bitfinex, Gemini y Poloniex.

Mi experiencia personal

Al finalizar este capítulo sobre las estafas y también el libro, permítanme compartir con ustedes una experiencia reciente al tratar con las estafas o, al menos, evitar esquemas de inversión en criptomonedas que sean demasiado complicados para su comodidad. A mediados de 2017, alguien me ofreció unirse a una plataforma de comercio de Bitcoin llamada TradeCoin Club. Durante la presentación, el representante se mostró muy animado y apasionado por el plan de inversión. El TradeCoin Club, o TCC para abreviar, es una plataforma en la que "depositará" sus Bitcoins para que el sistema de negociación patentado de la empresa intercambie sus Bitcoins por usted diariamente. Y supuestamente, para cuando su inversión en ellos madure, usted habrá duplicado su dinero con ellos.

Siendo un inversionista experimentado, tuve muchas preguntas, considerando la naturaleza especulativa y autónoma de este tipo de inversión. Una de las preguntas que hice a los representantes es el retorno de la inversión, es decir, ¿estoy seguro de duplicar mi dinero al final del período de inversión? No contestará con un "sí" o "no" directo, sino que siempre apuntará al llamado rendimiento histórico de sus operaciones. Así que le pregunté si es posible que pueda perder dinero, y él respondería de manera indirecta citando el rendimiento comercial histórico de su cuenta TCC como si dijera que puedo perder dinero es ilegal. Continuó explicando un sistema de cargos muy complicado por parte de la compañía que incluso yo, un inversionista experimentado, encontraba muy difícil de entender. Lo que rompió la espalda del camello para mí fue cuando dijo que para el final del período de inversión, TCC recibirá todos los Bitcoins que deposité con ellos. Cuando pregunté por qué diablos haría eso TCC, el representante respondió que era porque ya habrías más que duplicado tu dinero. ¿Pero pensé que implicaba que la tasa de rendimiento no está garantizada? Hubo un desajuste inaceptable y altamente inusual en el que estoy obligado a entregar mis Bitcoins a TCC, pero no están obligados a darme una tasa de retorno específica sobre mi inversión. Ningún esquema de inversión legítimo le quita su capital al final del período. Por lo tanto, determiné que era una estafa, al menos según mis estándares. No empujé a través de la "inversión".

No sé si TCC todavía existe, y no me importa. Lo único que sé es que algunos de mis amigos que invirtieron en ella ya estaban empezando a tener problemas con su cuenta en el sitio web. ¿Coincidencia? No lo creo.

Conclusión

Gracias por comprar este libro. Espero que haya sido capaz de ayudarlo a comprender cómo invertir con éxito en las criptomonedas. Pero más que solo aprender, espero que te hayan animado a tomar medidas sobre lo que aprendiste porque en la batalla por invertir con éxito en criptomonedas, saber que es solo la mitad de la batalla. La otra mitad es la aplicación del conocimiento.

Las criptomonedas son un nuevo y emocionante mundo para las inversiones y con oportunidades interesantes conllevan mayores riesgos. Así que asegúrese de aplicar lo que aprendió aquí para poder aprovechar la ola de esta fiebre del oro de hoy en día, pero al mismo tiempo, minimice los riesgos de perder su dinero a través de malas decisiones de inversión o de ser estafado.

¡Aquí está a tu éxito mi amigo!

¡Aclamaciones!

Parte 2

Introducción

Cuando alguien tiene algo de dinero por ahí sin usar por mucho tiempo deciden colocarlo en una cuenta bancaria para recibir intereses en el o sino comienzan a enlistar las oportunidades que pueden explotar usando ese dinero.Tradicionalmente, las personas van por opciones de compra de valores, Forex, o tal vez bienes raíces cuando la cantidad es suficientemente grande. Aunque, en los últimos años, una opción de inversión ha estado venciendo en cada aspecto en cualquier otro escenario alguien con liquidez puede invertir su dinero. Esta opción de inversión es lo que vino a ser conocido como una criptomoneda. Con inversiones iniciales muy bajas, la gente ha sido capaz de generar masivas cantidades de dinero tradeandocriptomonedas en los últimos años.

Hay muchos conceptos erróneos en torno al trading de criptomonedas, aunque habiendo emergido en tiempos cuando el negocio estaba todavía en sus fases iniciales, siguen persistiendo a pesar de su crecimiento exponencial en años recientes. Uno de ellos es la idea que la criptomoneda es esta sombría, fraudulenta industria en lugar de un negocio oficial y próspero que se ha convertido en una parte central (y la más creciente) de la industria financiera en todo el mundo en los últimos tiempos. El objetivo de este libro es desafiar estos conceptos erróneos, introducirle en las ilimitadas posibilidades del trading de criptomonedas, y familiarizarte con las diez formas más confiables de florecer en ese negocio incluso si todavía está empezando.

Capitulo 1 - ¿Qué son las Criptomonedas?

El nombre Bitcoin y el término criptomonedase han usado intercambiablemente y se han confundido constantemente entre sí por muchos años. Debido a su popularidad, así como el hecho que fue el primero y que fue por años el único jugador importante en la arena de la criptomoneda, Bitcoin se volvió sinónimo de criptomoneda. La verdad es, Bitcoin es solo una moneda entre una gran cantidad de monedas digitales y criptomonedas que existen hoy en día. Entonces, ¿Qué son exactamente las criptomonedas?

Estas son monedas digitales que no caen bajo el paraguas de monedas fíatconvencionales. Son medios descentralizados de intercambio que son inicializados por compañías privadas, administrados a través de libros mayores públicos (Ej: Blockchain en el caso del Bitcoin) que son ejecutados y verificados por usuarios aleatorios que son voluntarios para asumir ese rol.Las criptomonedas son unidades monetarias que son representadas por entradas digitales en esa red o libro mayor público. Por el bien de la privacidad, pero al mismo tiempo para habilitar la verificación de transacciones, las criptomonedas son emitidas bajo seudónimos que ocultan las identidades de ambas partes en una transacción.Bitcoin, que es considerada la primera moneda digital descentralizada, fue emitida en 2008 por una persona con el seudónimo SatoshiNakamoto quien permanece desconocido hasta el día de hoy. Desde entonces, docenas de otras criptomonedas han sido establecidas y lanzadas en el espacio digital. Algunas de los más conocidos entre ellas hasta el momento son Ethereum (segunda criptomoneda más fuerte después del bitcoin), MaidSafeCoin, NEM, Dash, y Ripple. Si está empezando a comprender qué tan real y enorme es la industria de la criptomoneda, entonces probablemente no esté consciente de un número de expertos especializados hoy en día en el estudio de esa industria. No estoy hablando de figuras de bajo perfil con poca credibilidad, sino de verdaderos expertos financieros y económicos trabajando para grandes firmas capitales y organizaciones. Eso es solo proporcional al valor masivo que las criptomonedas han llegado a representar. Cuando Bitcoin empezó atrás en 2009, la moneda Bitcoin tenía poco a sin valor. Decenas de bitcoins tenían virutalmente el mismo valor que algunos centavos. A partir de septiembre de 2017, sin embargo, un Bitcoin vale alrededor de 4,000$, y la capitalización general del mercado del Bitcoin es de casi $70 billones. Esa es solo una de las monedas.

El propósito de este libro será llevarlo a través de diez de los métodos más destacados para entrar en la arena de la criptomoneda y poder generar ingresos. Los métodos disponibles son realmente innumerables, pero estos son posiblemente los más garantizados y confiables de todos. Empecemos.

Capítulo 2 - Minería

Básicamente, puede pensar en la minería como el cripto equivalente a la impresión de dinero. Con monedas tradicionales, los bancos centrales deciden cuando imprimir efectivo y cuando retenerlo. Con criptomonedas, este proceso es muy descentralizado, y por lo tanto cualquiera puede convertirse en minero de Bitcoin usando el equipamiento necesario.

¿Cómo funciona la minería?

Aunque la mayoría de personas cuando discuten de minería de criptomonedas tienden a referirse al Bitcoin, no necesariamente significa Bitcoin. Por mas confuso que sea, Bitcoin todavía es usado como un nombre general para casi todas las criptomonedas existentes. Solo últimamente emergió el término "altcoin" para referirse a alternativas al Bitcoin (el más popular entre ellas es el Ethereum). En primer lugar, necesita saber que como minero de criptomonedas, su trabajo no es simplemente emitir una nueva criptomoneda, pero aún más importante, usted sirve para verificar transacciones hechas por otras personas en la blockchain.

Lo que un minero necesita para iniciar su "estación minera" como podríamos llamarlo, es una computadora potente (un rig de minería) con alto poder de procesamiento y una tarjeta gráfica avanzada. Este equipamiento de gama alta es necesario porque se necesitaría para resolver algoritmos complejos. Esta es la base de la minería de criptomonedas. Tomemos el Bitcoin como ejemplo. Nuevos Bitcoins son emitidos cuando su computadora (como un minero), a través de la resolución de esos algoritmos, es capaz de venir con un nuevo hash. Es comparado con los hashes pre-existentes (los cuales representan los Bitcoins), y si no existe hash similar, entonces prácticamente habría "minado" una nueva moneda. Esto significa que añadió un nuevo Bitcoin a la red global de Bitcoin.

Después de haber emitido esa moneda, puede quedársela. Lo que luego haría es añadirla a su billetera de criptomonedas, y desde ese punto, todo es suyo. Puede usarla para hacer compras en línea desde canales que acepten criptomoneda, o como la mayoría de mineros tienden a hacer, puedes intercambiarlo por una moneda convencional como el USD o el GBP.

No necesariamente debe dedicarle todos sus recursos a la minería de una sola criptomoneda. Mientras algunos escogen hacerlo, no es exactamente la forma más eficiente de llevar su negocio de minería. Esto se debe a que la criptomoneda es una arena súper volátil, significando que el costo de la oportunidad de minar una criptomoneda sobre otra podría cambiar por el día con la fluctuación ocurriendo en cada moneda respectiva. Podría ser más rentable para usted minar Bitcoins hoy considerando los costos de minería contra el retorno potencial, pero su mejor apuesta mañana podría ser más bien en Ethereum. Debido a que definitivamente no es un trabajo simple (especialmente como un minero individual) estar constantemente monitoreando y estudiando sus opciones de inversión, hay software como NiceHashMiner cuya función principal es asignar su poder de procesamiento al algoritmo más rentable en el momento. Dicho software sustancialmente incrementa su eficiencia de minería, y entonces es siempre una decisión inteligente invertir algo de dinero en comprarlo. Debe estar consciente, aunque, este tipo de software usualmente le paga en una criptomoneda en particular. Por ejemplo, NiceHashMiner le paga solo en Bitcoin.

El riesgo principal en la minería es el de la saturación. Las criptomonedas tienden a tener un tope en un número de monedas que deben entrar en su red global. Por ejemplo, Los Bitcoins están configurados para dejar de ser producidos cuando 21 millones de Bitcoins ya estén en circulación. Después de eso, ninguno será capaz de minar nunca más Bitcoins. Eso significa que, a medida que más personas se involucren en la actividad minera para una criptomoneda en partículas, los nuevos hashes o bloques esperando a ser minados disminuirán. Esto significa que su oportunidad de ser quien los mine disminuirá, en consecuencia llevándole a una "tasa de hash" más baja. La minería paga bastante bien para quienes viven en países donde la electricidad es barata, lo cual en su mayoría es en países en desarrollo. Esto se debe porque el proceso de minería con toda la actividad informática se requiere 24/7, termina consumiendo cantidades masivas de poder eléctrico. Si usted vive en un país donde las utilidades tienen un precio elevado, entonces esta podría no ser su mejor opción para hacer dinero con la criptomoneda. Algunas veces las personas que viven en países desarrollados deciden entrar en el negocio de la minería, por lo que se dirigen a algún país en desarrollo (algunos de los destinos más comunes están en el Este de Asia) para establecer una estación de minería allí para beneficiarse de los bajos costos de las utilidades. Por supuesto, a pesar de los bajos costos de operación, la inversión inicial tiende a ser bastante alta.

Probablemente no cruzaría los océanos y fronteras con otro país para establecer una estación de minería ejecutándose en una sola computadora. Tiene que valer las agitadas logísticas.

Capítulo 3 – Minería en la nube

La minería en la nube es una alternativa menos frenética a tener un rig de minería. Llega a invertir algo de su dinero en una estación de minería compartida. Un proveedor de servicios configura un centro minero, administra el equipo y las utilidades que van en el proceso de minería, y todo lo que usted debe hacer es pagarles una cuota por su parte en el equipo de minería. Luego obtiene ganancias del resultado de la minería basado en su parte. La ventaja principal de la minería en la nube es que no necesita soportar toda la molestia de comprar el hardware, ejecutar el equipo con toda la electricidad que el proceso consume, y tener que sufrir del calor generado de las computadoras debido al excesivo poder de procesamiento que va en la minería. Alguien más se encarga de todo esto por usted, y todo lo que usted debe hacer es invertir su dinero desde lejos. La desventaja de esto es que el costo es mayor que si usted establece su propio centro minero. Esto se debe a que está pagando los costos de administración a quien provea el servicio. Además tiene menor control sobre el proceso de minería. Sin embargo, si coloca más valor en la comodidad y no le importa que su margen de ganancia sea disminuida por los costos de administración, entonces esta es una forma algo segura y fácil de seguir.

Capítulo 4 - Trading

Esto es considerado la esencia del asunto cuando se trata de la criptomoneda. Puede hacer dinero de muchas fuentes, pero las grandes sumas de dinero en periodos bastante cortos son hechas en el camino del trading. La especulación en moneda digital ha hecho ganar a las personas millones. Sin embargo, aunque carga con el mayor potencial entre los demás métodos, también carga con el riesgo más alto y demanda más esfuerzo que cualquier cosa. Al igual que Forex o el comercio de acciones, la criptomoneda implica una buena cantidad de investigación, Primero, necesita saber cuáles monedas son tendencia en el mercado en este momento. Eso implica que valla a los foros y grupos relacionados con la criptomonedapara tener una idea del pulso del mercado. Necesita saber qué está en alza, por qué está en alza, si se espera que esa alza persista por un tiempo o si solo es una burbuja que pronto estallará como muchos miedos con el Bitcoin en el momento, y cuáles de las monedas más débiles se espera que llegue a la estratosfera de la criptomoneda en un futuro próximo así puede conseguirla temprano y beneficiarse del auge. Toda esta información requerirá una buena cantidad de lectura y monitoreo diariamente.

Al entrar en el trading de criptomoneda, también quisiera educarse sobre las leyes en su país o en una ciudad en particular. Las regulaciones sobre las criptomonedas aún no están suficientemente maduras porque la industria está todavía en su fase de infancia, y entonces son propensas a cambiar, tanto a favor o en contra de su industria de trading en cualquier momento. En ambos casos, necesitará estar bien preparado y equipado con suficiente conocimiento para saber justamente cuándo entrar y cuándo retirarse. A pesar que podría implicar más esfuerzo que la mayoría de métodos para hacer dinero con la criptomoneda, el trading definitivamente da resultados al final si lo aborda como profesionalmente como un gran inversor tratara con su portafolio de acciones. Cada trozo de noticia es relevante, cada cambio en el sistema merece escrutinio, y las tendencias deben ser detectadas y actuadas sobre sus primeras etapas o incluso antes de que entren en acción.

No puede esperar dominar todo este negocio cuando solamente estás empezando. Siempre habrá más que aprender, pero como cualquier otra cosa, solo aprenderá si se lanza ahí afuera y entras en acción. Sin embargo, desea hacerlo de forma inteligente, así que no querrá aprender con todo su dinero. Es por eso que debería comenzar pequeño, llegar a aprender con los bits que inviertes en el principio, y a medida que adquiere más conocimiento y comprensión en el trading, puede empezar colocando más dinero y así tener un mayor retorno de la inversión. La mejor forma de abordarlo es tener todo planeado al principio, y solamente alterar tu plan cuando algo nuevo emerja.

Capítulo 5 – Comprar y Retener

Además del trading de criptomoneda a corto plazo, hay empresarios quienes permanecen en la búsqueda de nuevas monedas digitales que apenas están empezando. Las criptomonedas son iniciadas en lo que llamamos ICO u oferta inicial de monedas (InitialCoinOffering). La mayoría de criptomonedas empiezan con precios mínimos por moneda, pero las que aumentan pueden obtener precios astronómicos en un breve periodo de tiempo. Puede preguntar a las personas que adquirieron Bitcoins cuando estaban vendiéndose por solamente unos pocos dólares y ahora son millonarios después de unos pocos años con cada Bitcoin que tenían estando valorados en al menos 4,000$ mientras escribo estas palabras. Hay otras monedas que fueron lanzadas en años muy recientes y ahora se tradean a precios muy decentes (Ej: Ethereum – 290$, Dash – 300$+, Monero – 90$+) y han hecho fortunas para aquellos que la adquirieron en sus primeros días. Ahora hay monedas como Ripple y NEM que son tradeades a menos de 0.5$ por moneda. Con la adecuada investigación y un buen ojo para las oportunidades, puede estar muy bien invirtiendo en una moneda con una futura capitalización del mercado de más de $1 billón. Le tomará tiempo cosechar las ganancia de tal estrategia, pero si la aprovecha del modo correcto, su pequeña inversión podría convertirse en una riqueza bastante masiva dentro de pocos años.

Capitulo 6 - Coinflash

Coinflash es una aplicación para smartphones que se lanzó recientemente. Esta aplicación es una buena herramienta para usarse con el fin de beneficiarse de la criptomoneda sin preocuparse mucho sobre todo el proceso. Lo que básicamente hace con esta aplicación es vincularla con su tarjeta de crédito o debito, y con cada compra, la aplicación redondea el valor que pagaste al dólar más cercano y automáticamente invierte el cambio en una criptomoneda de tu elección. De esta forma, sin que usted lo piense mucho, estará invirtiendo pequeños bits de su dinero en criptomoneda que eventualmente se convertirá en una billetera decente. No subestime lo que este cambio puede conseguirle porque varias de las monedas están todavía en sus fases iniciales costando menos que un dólar por moneda, como mencionamos anteriormente. La billetera que construyas puede usarse para trading de corto plazo cuando haya suficiente criptomoneda en ella para generarte una cantidad significante de ganancia o mucho mejor, puede asignarla en una estrategia de comprar y retener y dejarlo construyéndose para una ganancia a largo plazo.

Capitulo 7 – Vendiendo bienes por Criptomoneda

Como cualquier otra moneda, puede adquirir criptomonedas a través de proveer bienes o servicios.

Hoy puede convertirse en un mercader en línea pagado exclusivamente en criptomoneda. No hay límites en lo que comprar y vender por criptomoneda ahora mismo. Puede escoger vender todo, desde apariencia hasta gadgets hasta incluso casas en cambio de Bitcoins o cualquier otra criptomoneda. Eso puede ser hecho a través de su propia plataforma, sea un sitio web, un blog, o incluso una página de Facebook donde los clientes puedan pagarle en criptomoneda a través de cualquiera de las muchas plataformas que facilitan esto. Tambien puede manejar su negocio a través de uno de los mercados en línea que usan criptomoneda como medio principal de intercambio. Un ejemplo de tales plataformas es Bitify, que ahora es considerada el Ebay para criptomonedas. Puede mostrar sus productos en ella, y una subasta es ejecutada en ellos y el precio final es pagado en criptomoneda. Muchas personas que no están familiarizadas con el mundo de la criptomonedapuede pensar que tales plataformas no son del todo seguras, pero de hecho, Bitify provee todas las formas de protección a sus usuarios, incluyendo servicios de custodia para garantizar que los clientes reciban sus productos antes que liberen el pago. Hay muchas otras plataformas como esta, así que podemos decir con confianza que tiene varios mercados donde puede ofrecer sus bienes por criptomoneda que puede añadir a su billetera ya sea para guardar o para tradear cuando sea el momento adecuado.

Capítulo 8 – Faucets de Criptomonedas

Este puede no ser la forma más prominente o rentable de hacer dinero con la criptomoneda, pero es una manera de poner sus manos en una pequeña cantidad sin comprometer ningún recurso. Básicamente, estas faucets son sitios web para los que hace servicios simples por un modesto pago en Bitcoin o alguna otra criptomoneda. La mayoría de sitios web faucets están ya sea interesadas en aumentar su tráfico para vender anuncios publicitarios o promover una moneda digital. En caso de que la publicidad sea la fuente de ingreso principal del sitio web, estaría dispuesto a pagarle una porción de ese ingreso a cambio de que vea esos anuncios y quizás rellene algunas encuestas después. Ejemplos de tales faucets son BestFaucet, TopFaucet, BTC Clicks y BitcoinAliens.

El otro tipo de faucetsde criptomoneda principalmente interesadas en promover monedas digitales le daría pequeñas fracciones de una moneda como una prueba segura para usted sin que haya invertido su dinero en ella. Estos sitios web usualmente aspiran a tenerle en el negocio del trading de criptomoneda y entonces le ofrece esas muestras a usted para usarlas como demo y se siente cómodo con la idea de usar la criptomoneda. También hay otros tipos de faucets de criptomonedas que ofrecen servicios de lotería y apuestas, también algunos donde puede ganar algunas monedas por referir a sus amigos al sitio web.

Las faucets usualmente les pagan a los usuarios en unidades llamadas Satoshis. Un Satoshi es una centésima de millonésima de un Bitcoin, Bastante pequeño, pero pueden añadirse a algo que valga la pena después de acumularuna cantidad decente en su billetera dependiendo en las tasas a la que la moneda se está vendiendo. Por supuesto, la ganancia nunca será nada cercana a la del trading o la minería, pero otra vez más, estamos hablando de una actividad capital-cero, por lo que no debería esperarse ganar el premio mayor con eso.

Puede ser, sin embargo, es su primer paso en el camino de la criptomoneda.

Mientras una apuesta segura sería ir a uno o varios de esos sitios web faucet buscando ganar unos cuantos Satoshis, también puede invertir en construir su propio sitio web de faucet de criptomonedas. Al construir un esquema de referidos atractivo y plan de compensación bien-por-hacer para sus usuarios, puede disfrutar un crecimiento exponencial en el tráfico de su sitio web en el cual podría entonces vender para obtener ingresos por publicidad.

Capítulo 9 –Trabajando en línea para Pagos enCriptomonedas

Hay sitios web y aplaciónes para smartphonesa través de los cuales puede ofrecer sus servicios por un pago en Bitcoin o cualquier otra altcoin. Esos servicios incluyen probar aplicaciones, ver videos, rellenar encuestas, probar juegos en línea, y muchas otras posibles micro-tareas. Puede pensar en aplicaciones como Bituro, Coinbucks, y BitcoinRewards como las contrapartes en criptomoneda de plataformas de servicios freelance como Freelancer o Upwork.

Hay otras plataformas que son incluso más como Freelancer y Upwork, significando que puede ofrecer sus servicios en varios campos como desarrollo web, escritura de contenido, etc., a través de ellos a cambio de pagos en criptomoneda. BitGigs y Coinality son ejemplos de tales sitios. Va a ellos, hace oferta por projectos que piense y crea que puede hacer, y le pagan en Bitcoins o cualquier altcoin.

Capítulo 10 –El Juego

Este capítulo trata dos de los métodos más riesgosos, pero los que han probado ser capaces de generar cantidades considerables de ingresos.

Si está en cualquier tipo de juego, dígase póker, ruleta, o blackjack, ahora hay plataformas donde puede conseguir sus ganancias de juego en bitcoin u otras criptomonedas. Puede ir a sitios en línea como Starcoin, CryptoGames, o vDice, configurar una cuenta y dejar que el dado ruede. Este método definitivamente tiene el potencial de añadir grandes sumas de criptomoneda a su cartera, pero eso, por supuesto, requiere algo de suerte de su lado, así como algo de experiencia con la estrategia del juego. Si confía en tomar ese riesgo y confía en su comprensión en una mesa de juego, puede terminar con una gorda cartera de criptomoneda en su posesión. Puede cambiar sus juegos de las otras plataformas en línea por una alternativa pagando en criptomoneda y probar su suerte. Encontrará plataformas de juego en criptomoneda que son tan grandes como sus contrapartes fíat y pueden satisfacer todas sus necesidades de juego.

Capítulo 11 – Convertirse en Prestamista

Aquí hay un ejemplo sólido de donde entra en juego la naturaleza descentralizada de la criptomoneda. Si posee una cartera de criptomoneda, el trading no es su única forma de usar sus monedas. Puede también convertirse en prestamista. En el mundo de la criptomoneda, eso no requiere millones como lo hace con las monedas fíat. Cualquiera que sea su valor, aún puede convertirse en prestamista para individuos o incluso empresas medianas y pequeñas tratando de financiar sus negocios con criptomoneda. Hay incluso plataformas como Bitbond que son plataformas especializadas en préstamos de criptomonedas peer-to-peer donde puede conocer clientes potenciales que buscan préstamos que puedan proporcionarle un interés.

La razón de que muchos principiantes y empresas pequeñas-medianas recurren a los préstamos peer-to-peer es lo que les quita de la espalda lo que el banco les impone con sus interminables obstáculos.

Son capaces de adquirir préstamos fácilmente, y al mismo tiempo, usted como una persona con una cartera de criptomoneda decente puede beneficiarse del interés que impondrá sobre el préstamo, Tales plataformas simplemente lo hicieron más sencillo para que las personas se conviertan en prestamistas y prestarios.

Esa simplicidad, sin embargo, no le quita de la espalda la responsabilidad de cuidadosamente considerar sus riesgos. Si recurre al préstamo peer-to-peer, es probable que no esté en posesión de una gran cantidad de criptomoneda. Necesita fastidiosamente estudiar sus opciones y decidir racionalmente a quién le vas a prestar. La diversificación es también un deber. Varias personas caen en el error de invertir todo el valor de su billetera en el prestario y si esa persona o empresa incumple en el préstamo, quedará con casi nada. Es por eso que siempre es sabio prestar a varios individuos o compañías así el riesgo de su inversión general es balanceado.

Conclución

Con suerte, por ahora ha encontrado uno o más métodos en los que está dispuesto a invertir usted mismo para aprovechar una de las muchas oportunidades que la criptomoneda tiene para ofrecer. Ahora es definitivamente el tiempo correcto para entrar en esta próspera y en auge industria siempre y cuando tenga los recursos para hacerlo. Sin embargo, siempre tenga en mente, que la criptomoneda es un negocio legítimo en donde tiene que colocar esfuerzo e investigación para cosechar las grandes ganancias que puede hacer de ella. Personas quienes alcanzan la criptomoneda con mentalidad profesional de un empresario son las que caminan lejos con largas sumas de dinero, mientras que aquellos quienes lo tratan a la ligera y piensan en un esquema de hacerse ricos rápidamente no van a un largo camino y algunos terminan perdiendo sus inversiones. Como he mencionado al principio de este libro, esta industria tiene sus expertos y requiere un conocimiento financiero apropiado, por lo que un enfoque profesional y científico es esencial para tener éxito.